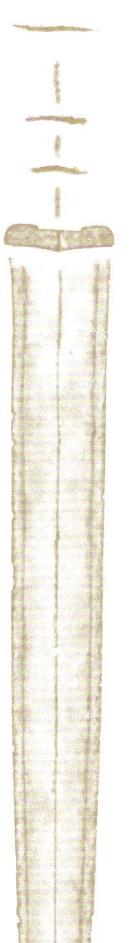

古銅留墨

——里耶秦简博物馆馆藏青铜器拓片集

里耶秦简博物馆 编

王雁 著

学苑出版社

图书在版编目（CIP）数据

古铜留墨：里耶秦简博物馆藏青铜器拓片集 / 里耶秦简博物馆编；王雁著 . — 北京：学苑出版社，2022.7
ISBN 978-7-5077-6444-4

Ⅰ. ①古… Ⅱ. ①里… ②王… Ⅲ. ①青铜器（考古）—拓片—龙山县—图集　Ⅳ. ① K876.412

中国版本图书馆 CIP 数据核字（2022）第 120225 号

出 版 人：洪文雄
责任编辑：周　鼎
出版发行：学苑出版社
社　　址：北京市丰台区南方庄 2 号院 1 号楼
邮政编码：100079
网　　址：www.book001.com
电子信箱：xueyuanpress@163.com
联系电话：010-67601101（营销部）、010-67603091（总编室）
印 刷 厂：河北赛文印刷有限公司
开本尺寸：787×1092　1/8
印　　张：9.5
字　　数：56 千字
版　　次：2022 年 8 月第 1 版
印　　次：2022 年 8 月第 1 次印刷
定　　价：480.00 元

编委会

总 策 划：时荣芬　周胜益
策　　划：李延堃
顾　　问：潘守永　张春龙　龙京沙

主　　任：田大治　魏福生

主　　编：周东征　洪文雄
副 主 编：彭昌辉　向邦平
编　　委：朱家司　肖　谞　许书耀
　　　　　　余海霞　邓　慧

序

铜拓是一门历史悠久的技艺,而于清代出现的全形拓则把铜拓艺术推向了一个新高度。全形拓,又称全角拓、立体拓,是指以墨色拓印的方式把器物(诸如青铜器、造像、古砖石、玉器等)的立体形状转移到二维平面拓纸上的一种特殊技法。

乾嘉时代,由于金石学的复兴和盛行,大批金石学者和书家文人致力于访碑著录和考据研究,全形拓亦因之盛行。这种全形拓法对技术有极高的要求。黄宾虹先生在他的金石著录中用"鬼工"和"奇技"形容这些拓本中的精品。也由于全形拓不仅方便研究者,同时也利于广大爱好者欣赏和知识的普及,所以全形拓的拓片广受欢迎,成为一纸难求的收藏品。

里耶秦简博物馆收藏有一批珍贵的青铜器。其中有战国时代的铜尊、西汉的铜博山炉、铜鐎壶、铜扁壶、铜簋,乃至精致的铜灯、带钩等。本书将这批珍贵收藏以全形拓的方式拓出并出版,是一件功在当代、意义长远的事情。

首先,研究者在书斋通过本书拓片即可工作,广大的文物、书法、金石爱好者更可以反复阅读,与实物的研究结合,本书可成为鉴赏之工具。

全形拓是传拓技艺中最难的一个分支,也是传拓艺术发展的巅峰。它以墨拓为主要手段,综合运用素描、剪纸、刻纸、裱拓等工艺技术,利用透视原理,凭借墨色的浓淡变化,形象具体地将器物的立体形象完整地传拓到纸上。全形拓不同于一般的平面拓,这其中的艺术含量很大,与平面拓相比,全形拓通过墨色的浓淡展现出金石器物准确、生动的立体形象,也正因为追求墨色浓淡的变化与形象的生动性,使之具有了中国传统绘画中"气韵生动"的效果。这也是全形拓与绘画结合而成为"博古画"能广受欢迎的原因。遗憾的是,这种技艺今天已呈衰落趋势。

全形拓对从事者的要求甚高,因为它是集历史学、考古学、金石学、美学于一体的艺术门类。首先对器物的时代背景、文化特色、审美风尚要有相当的了解和领悟；其次对金石学要有基本的认知和鉴赏力；再者对绘画中的诸种美学道理和审美要求要有较高的水准，这与对一般匠人的要求有很大的不同。掌握这些才能对器物有充分的认知。由于全形拓又是一门手艺，它必须要精细、严谨、有耐心、有韧力，锲而不舍、孜孜以求，方能拓出上品佳作。

本书铜拓（全形拓）的作者王雁女士是一位优秀的画家，是中国美术家协会的会员，担任着北京市东城区美术家协会副主席的职务。

她的大写意花卉，行笔奔放遒劲，力可透纸，她的山水取法宋元，叠嶂重峦、曲径通幽，喜作高士隐居题材，而于沈周、文徵明亦下过功夫，画中见高格之来历，笔笔分明，绝无敷衍。王雁喜好读书，先秦、汉魏文字阅读不少，更喜诗词散曲和明人笔记小品。这些学养在她画中均透出消息。最初，她出示铜拓作品给我看时，让我大吃一惊。那精致如发丝的拓铜细节与大写意的花卉和纵笔恣肆的山水该有多大的距离！待细细想来，也不奇怪，正是丰厚的文化底蕴和坚实的笔墨修养为她的铜拓作品奠定了扎实的根基。

如此根基再加上严肃的生活态度、严谨的治学习惯和严格的自我要求，产生出这样一批精美的全形拓也就不足为怪了。

程大利
2022 年 5 月于京华师心居

目 录

绪　论	一
战国时期	七
戈　镈	八
青铜匕	一〇
兽纹铜镜	一二
双箍铜剑	一四
双兽面铺首衔环铜钫	一六
双兽面铺首衔环铜壶	一八
山字纹铜镜	二〇
两汉时期	二三
环耳铜鍪（西汉）	二四
牛形耳提梁蕉叶纹铜壶（西汉）	二六
三足双耳铜鼎（西汉）	二八
双耳铜鍪（小）（西汉）	三〇
双兽面铺首衔环铜扁壶（西汉）	三二
双兽面铺首衔环铜壶（西汉）	三四
双兽面铺首衔环铜樽（西汉）	三六
铜博山炉（西汉）	三八
铜灯（西汉）	四〇
铜锯镂（西汉）	四二

铜鐎壶（西汉）	四四
环线双耳铜簋（西汉）	四六
铜瓿（西汉）	四八
双兽面铺首衔环铜樽（西汉）	五〇
三环钮刻铭铜鼎（西汉）	五二
铜灯（东汉）	五四
乳钉纹铜镜（汉代）	五六
其他拓片	五九
青铜带钩	六〇
青铜鼎	六一
青铜戈	六二
青铜戈	六三
青铜戈	六四
双耳铜矛	六五
四棱铜矛	六六
铜壶	六七
后记	六八

绪 论

龙山县位于湖南省西陲，武陵山脉西侧，地连湘、鄂、渝三省市，东连桑植、永顺两县，南与保靖县交界，西与湖北省来凤县和重庆市酉阳、秀山县接壤，北与湖北省宣恩县毗邻。里耶镇位于龙山县最南端，处在酉水中游山间河谷盆地中，地处武陵山脉的腹心地带，北距龙山县城（民安镇）108千米，东距湘西土家族苗族自治州首府吉首98千米。

里耶镇在历史上为湘西四大商业古镇之一，大约在清雍正年间改土归流以后，为保证地方的安靖，官府在此设置塘汛。随着与外界物资流通的空前发展，里耶开始建设街道、码头，贸易墟场走向繁荣。作为酉水河畔的水运码头，船队逆水可通鄂西百福司，经石堤可至秀山县城和酉阳龙潭古镇及乌江沿河土家族自治县，顺水可下沅陵，继而达常德洞庭，通武汉和沿海城市。

湘西地区山大物丰，在古时交通极为闭塞情况下，里耶因得酉水之便，成为湘、鄂、川、黔边境的商品集散地。近代以来，农产品以稻谷为主，粟、玉米、薯类、豆类、烤烟、茶叶、柑橘、甘蔗等次之，林产品有木材、油桐、油茶、土漆等，行业有伐木放排、造船、水运、大小木作、油漆、纺织、竹编、烧造砖瓦等。旧时，酉水两岸都称为里耶，今清水坪镇叫前街，里耶镇称后街，镇上还有万寿宫、关帝宫、甘霖寺等建筑。西北巍峨的八面山是湘、渝两省市的界地，酉水在八面山南端东折，由西往东蜿蜒流经里耶盆地。八面山东南端山脚下，是一片较平阔的河谷台地，地势西高东低，挨着河流两岸的台地上，分布着密集的聚落、农田、市镇，也分布着商周以来各历史时期的文化遗址、城址和相应的墓葬群。

旧石器遗址点在酉水两岸有着广泛的分布，20世纪80年代末至90年代中叶，湘西土家族苗族自治州文物考古人员在酉水两岸的清水坪、大板一级阶地发现旧石器时代遗址，2003年又在清水坪官山堡二、三级阶地发现大量打制石器。由此断定，在更新世晚期距今20万年之前，已有人类在此区域活动繁衍。目前发现的新石器时代遗址的文化主要来自峡江地区的大溪文化和长江中游地区的龙山文化。商周时期的遗址在这一地区分布也较为密集，反映出里耶的文化既有典型的中原商文化影响，又吸收了三星堆文化，但是地方土著文化仍占主导地位。

早在春秋战国时期，武陵山区纳入楚国版图。里耶古城及酉水、沅水流域的其他一些楚城，都是在这一背景下建立的。因为地处边境且得水利之便，里耶一度成为楚国抵御巴蜀乃至于之后秦楚争战等的军事前哨。秦统一中国后，推行郡县制，里耶便成了当时秦洞庭郡治下的迁陵县城的所在地。

里耶古城遗址及相关古墓群发现甚早，1997年夏，湖南省文物考古研究所会同湘西土家族苗族自治州文物部门对碗米坡水电站水利工程淹没区进行考古调查，再次确定了里耶古城遗址及相关古墓地的分布情况。2002年4月，为配合碗米坡水电站建设，湖南省文物考古研究所会同州、县文物部门，组织全省各地业务人员进驻里耶，对水电站淹没区所涉及的各类古遗址、古墓葬进行大规模的抢救性考古发掘，其中在里耶发现了37000余枚秦代简牍，还出土了一大批以青铜器、陶器为代表的珍贵文物，举世震惊。

里耶古城遗址的发掘及秦简牍的出土是21世纪我国第一个震惊世人的重大考古发现，党中央和国务院对此高度重视，时任总理朱镕基和副总理李岚清对里耶古城遗址及出土秦简非常关注，并对有效保护、深入研究和利用工作做出重要批示。湖南省委、省政府的领导率领省直相关部门主要负责人先后到里耶古城考古发掘现场进行现场办公，研究解决里耶古城遗址的保护问题。国家文物局原局长张文彬，时任局长单霁翔、副局长张柏均在最短时间内亲临里耶考古工地考察布置里耶古城遗址及里耶秦简的保护工作，国务院及时公布了里耶古城遗址为全国重点文物保护单位。这是我国第一次特批公布的单个全国重点文物保护单位，成为我国在特殊情况下及时公布保护重要文化遗产的先例。

里耶古城遗址一次性发现秦简牍超过37000枚，其数量远远超过以往国内所出秦简的总和十倍之多。这批埋藏了2200多年的秦代简牍，纪年从秦王政二十五年（公元前222年）至秦二世元年（公元前209年），记事详细到月、日，内容十分丰富，涉及政治、军事、民族、经济、法律、文化、职官、行政设置、邮传、地理等诸多领域，极大地丰富了人们对统一中国历史上起着承前启后作用的秦王朝及其有关制度的了解和认识，对秦史研究具有不可估量的意义，以至于坊间盛传"北有西安兵马俑，南有里耶秦简牍"一说，因其文字记载内容所具有的重要学术价值，甚至于有人径直将其比数于殷墟甲骨文、敦煌文书。正是基于对于里耶秦简牍重要价值的认识，2002年里耶古城遗址及周边各类古墓群发掘以来，学术界对于里耶古城的研究也主要集中于秦简牍上。根据我们统计，除单篇发表的论文之外，以里耶秦简冠名的各类学术著作就达到10余种，其中较为典型的有湖南省文物考古研究所编著的《里耶发掘报告》《里耶秦简》《里耶秦简研究文论选集》，陈伟编著的《里耶秦简牍校释》及里耶秦简博物馆编的《里耶秦简博物馆馆藏文物选粹》等。这些书籍中，除《里耶秦简博物馆馆藏文物选粹》对馆藏的青铜器文物稍有涉及之外，其他著作几乎全部集中于对出土秦简牍文物的文字辨识与释读。也就是说，过去以来因为里耶秦简过于突出的学术价值，反而遮蔽了诸如青铜器等其他类型文物的重要性，甚至人们对里耶古城的认识被里耶秦简"标签化"了，以至于人们对于里耶的重要价值难以达至全面而深入的认识。这也是我们想方设法编写这本青铜器拓片集的原因。

里耶秦简博物馆是集保管研究和陈列秦简牍、青铜器、陶器等珍贵文物，以及展示里耶地区历史和民俗文化的博物馆，馆藏的文物以竹木简牍与青铜器、陶器为主，目前馆藏品的总数量为8000余件（套），种类包括竹木漆器、铜器、铁器、陶器、石器、玉器、瓷器等。里耶秦简博物馆馆藏文物主要以当地考古发掘出土为主，部分文物为近年来从社会征集，主要以周边各种区域性民俗类文物为主，藏品中除了里耶秦简蕴含了巨大的学术价值之外，各类青铜器也具有鲜明的文化特征，尤其值得一提的是，其大部分器物的器形完整，纹饰精美，品类齐全多样，具有极高的历史价值及艺术价值。

里耶古城遗址为秦洞庭郡下辖的迁陵县故址，不仅是战国时期楚秦等国相继开发、对峙、征战的前沿地区，更是历史上多民族生息、繁衍、杂处之地，这些都在里耶秦简以及诸如青铜器、陶器等出土器物上留下了相关信息。可以说，里耶秦简牍、遗址群以及其他出土文物的发现不仅有助于填补该地区历史记载缺失的空白，了解和认识该地区一些重大历史事件，更有助于推进区域性考古学文化和民族文化发展序列与谱系的研究，使该地区在中国历史和民族发展史中的重要性得以凸显。

本书收录馆藏青铜器共19件（套），其时间从战国时期一直延伸到东汉，其器物类别主要有鼎、壶、钫、鍪、樽、灯、博山炉、剑、匕、铜镜等，类型涉及兵器、礼器、食器、酒器以及其他日用器。这批青铜器大部分都出土于里耶古城遗址、魏家寨古城遗址及大板古城遗址周边对应时期的古墓葬群之中。

从器型制造上看，这批青铜器器型制作精美，纹饰非常漂亮，具有较高的艺术价值，如其中的兽纹铜镜，其镜面以中心桥形弦钮穿孔，圆形钮座外围饰一周凸弦文，其四兽已经完全图案化，兽首单伸向镜缘处，颈部细长，圆腹长尾，尾端延伸出一叶状图案，表现出了较高的抽象构图水平。从文化属性来看，这批青铜器也体现出了从战国至东汉时期里耶地区丰富多样的考古学文化属性以及民族文化内涵，并且这些器物呈现出来的文化特征还可以与秦简相关的史料文献相互印证。比如，本书收录的出自里耶麦茶古墓群的战国青铜匕就体现出了较为鲜明的濮文化特征，可以认定为濮人遗物。该剑宽格，两面以半圆状插孔固定，剑身较短，剑身有虎皮斑，剑身后部还有手纹、花纹以及兽面纹等，这与巴人崇虎的习俗是一致的，因此，这也侧面说明了里耶地区除楚、秦以及汉文化在此深耕之外，还有其他周边不同族群文化的相互影响，呈现出了多文化交融的特点。从器物的类别来看，这批铸造时间跨度较长的青铜器，除了昭示里耶盆地多文化交互融合的文化特征，不断彰显里耶历史时期的区位的重要性之外，还为我们提供了多民族国家如何实现多元一体格局的一个例证。例如，本书收录的出土于清水坪西汉墓葬群的铜扁壶就有着明显的秦文化因素，而铜鍪则是巴蜀文化中的典型炊器，广泛发现于里耶盆地及酉水流域。毋庸置疑，这些器物反映出了地方与区域丰富多元的文化样态以及各种人群借助于水陆通道不断流动之下的文化交融。其实，这些风格各异的青铜器还为我们展现了地区以及各种族属的人群，如何在国家行政力量的介入下互动并逐渐融为一体的过程。

青铜器是传世文物的重要部分，因为保护条件的限制，现存大部分的出土青铜器，或置之馆阁，或藏于库房，甚至部分私藏于方家，给人们参观、鉴赏造成诸多不便。为克服这个困难，从事金石学的先哲们发明了墨拓青铜器全形的方法。全形拓是传拓技法中最难的一种，历来被文人学者所重视。全形拓除了能够展现器物原貌之外，还能够体现原物所没有或不够明显的绘画特征，有着极高的艺术价值。青铜器的全形拓片是极其珍贵的艺术品，因锤拓年代和锤拓者的不同，全形拓片本身就具有极高的文物价值，其价值不亚于原物。因此，在现今这个时代能够做好全形拓的恢复和收藏，也是对珍贵文物保护和利用的一种重要的措施。也就是说，制作青铜器的全形拓片集可以作为重要的馆藏文献资料，不仅完整地展现和恢复馆藏青铜器的原貌，为今后的文物保护和恢复原始的数据，更加重要的是对文物历史价值和艺术价值的传承和发扬，能够对文物展品增加有益的资料补充，丰富藏品的多元性，让更多的人能够通过拓片集学习和了解到历史文化知识。因此，为了让大家对里耶秦简博物馆所藏文物情况有一个基本了解，我们特选馆藏的这批珍贵青铜器文物荟萃成册以飨读者。在本书的编选过程中，我们力求按照文物的时代先后排列，在器物的选择上尽量遵从"求全求美"的标准，选择一些具有代表性的文物，以体现里耶乃至整个酉水流域武陵山区的物质文化特征的历史脉络。

2010年10月28日，里耶秦简博物馆建成并对外开放。时任湖南省委书记周强与时任国家文物局局长单霁翔出席开馆仪式，并为里耶秦简博物馆开馆揭幕。单霁翔当天在讲话中说道："我看过全国大多数的博物馆，里耶秦简博物馆排在全国第五大博物馆的位置，一点不为过！"开馆10多年来，可以说，作为一个展示里耶秦简的文化圣地，里耶秦简博物馆已经成为秦简收藏保护中心、学科研究管理中心和爱国主义教育基地，甚至被视为一个让人流连忘返的文化圣地和精神家园。我们已经感受到里耶秦简博物馆越来越受到社会各界人士的热捧，近年来接待的来宾中不乏新闻媒体、海外友人、艺术大师、专家学者，还有省市乃至国家领导人。2011年6月1日，时任全国政协主席贾庆林考察了里耶秦简博物馆，他说："这个博物馆非常值得一看，一定要将古老的秦文化有效地宣传出去，让中国文明代代相传。"我们这次编著这本青铜器拓片集，也是落实各级领导关于里耶文物保护工作指示精神的一次具体行动。

传承中国文明、弘扬传统文化，正是里耶秦简博物馆的责任与使命。

战国时期

戈 镈

尺寸：残长 10.7 厘米，直径 2.8 厘米

战国时期

九

青铜匕

尺寸：通长 34.2 厘米，剑茎宽 5.2 厘米

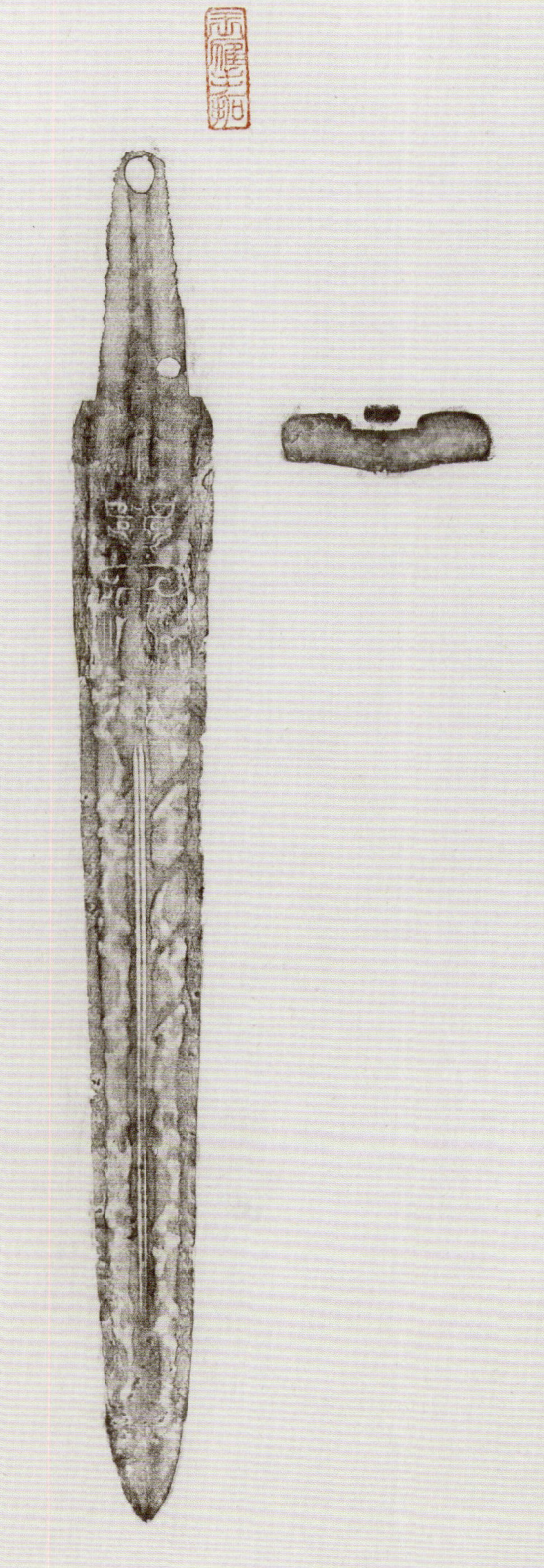

兽纹铜镜

尺寸：直径 14.8 厘米，厚 0.3 厘米

双箍铜剑

尺寸：通长 57 厘米

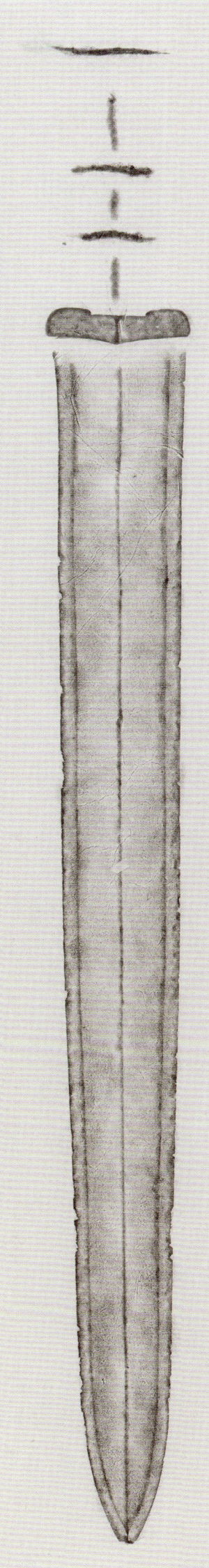

战国时期 | 一五

双兽面铺首衔环铜钫

尺寸：通高 24.5 厘米，口径 8.4 厘米，腹径 16.4 厘米，
　　　底径 10.7 厘米，底高 3.4 厘米

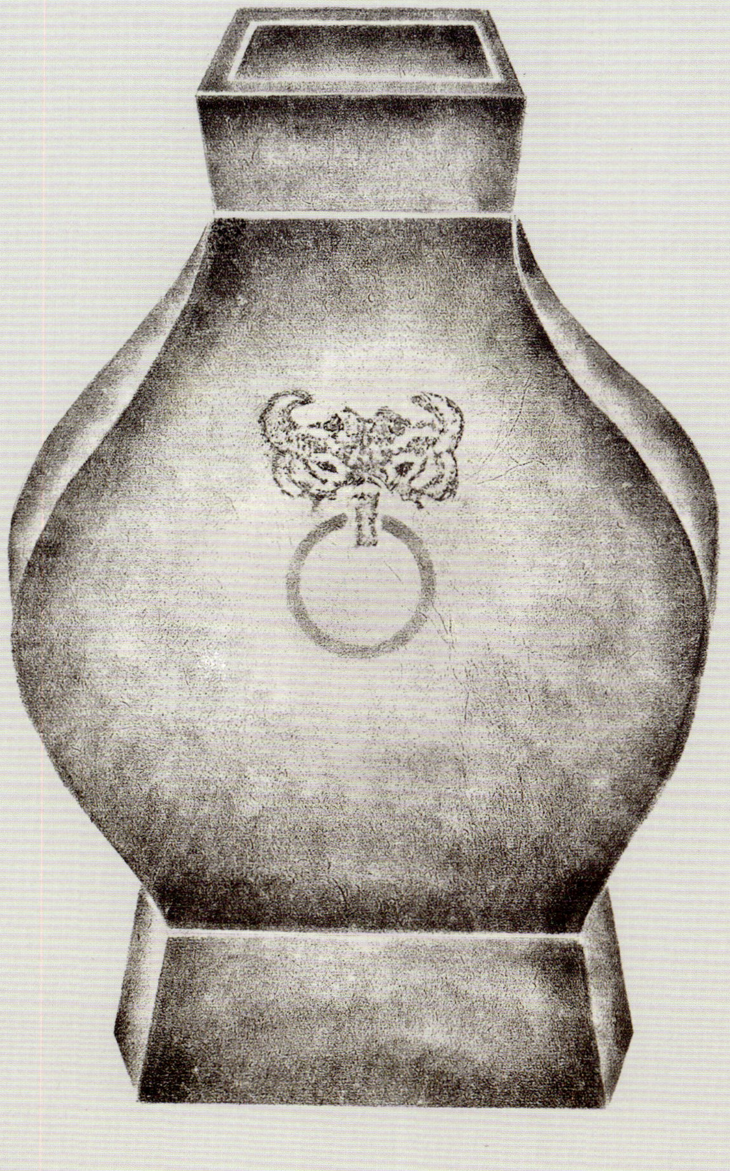

战国时期 ｜ 一七

双兽面铺首衔环铜壶

尺寸：通高15厘米，口径5.2厘米，腹径10.3厘米，底径6.3厘米

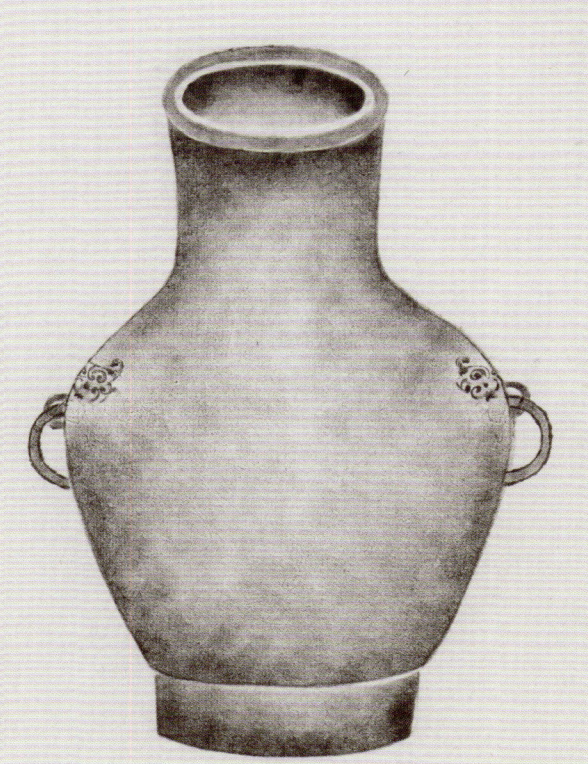

战国时期 ｜ 一九

山字纹铜镜

尺寸：直径 10 厘米，厚 0.3 厘米

两汉时期

环耳铜鍪（西汉）

尺寸：通高 20 厘米，腹径 31 厘米，口径 29.3 厘米

两汉时期 | 二五

牛形耳提梁蕉叶纹铜壶（西汉）

尺寸：通高 32.7 厘米，口径 8.7 厘米，腹径 19.2 厘米

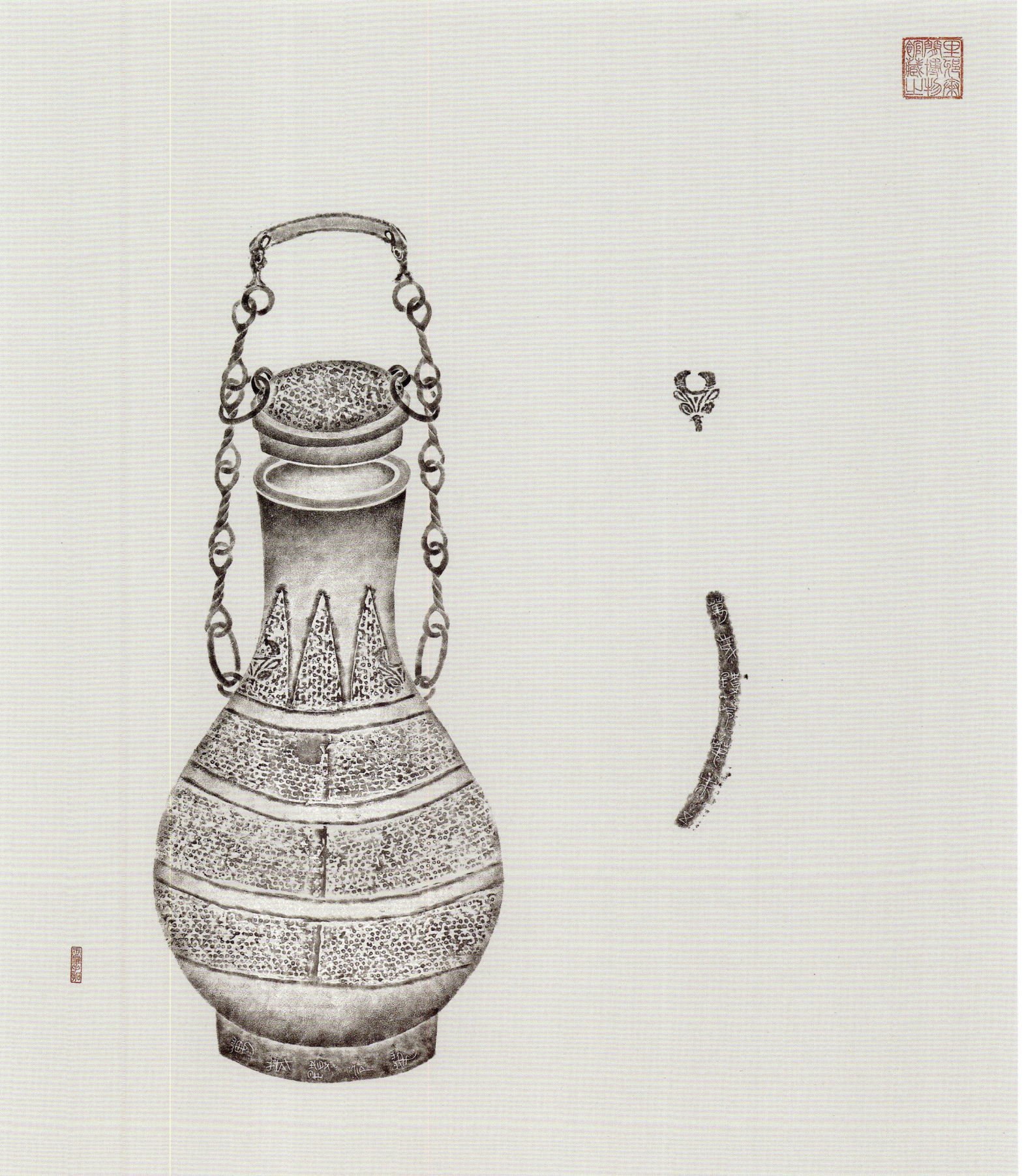

三足双耳铜鼎（西汉）

尺寸：通高 17.2 厘米，盖口径 18.2 厘米，足高 8.1 厘米，
  口径 15.7 厘米，腹径 21.3 厘米

双耳铜鍪（小）（西汉）

尺寸：通高13.3厘米，腹径15.7厘米，口径13.2厘米，
耳长3.5厘米，耳高3.8厘米

西汉时期

双兽面铺首铜扁壶（西汉）

尺寸：通高 26 厘米，壶口长 7.9 厘米，腹径长 29.1 厘米，底高 2.9 厘米

双兽面铺首衔环铜壶（西汉）

尺寸：通高 23 厘米，口径 8 厘米，底径 10.5 厘米，腹径 16.5 厘米

双兽面铺首衔环铜樽（西汉）

尺寸：通高 17.7 厘米，口径 19 厘米，足高 4.2 厘米

铜博山炉（西汉）

尺寸：通高15.5厘米，炉口径6.7厘米

两汉时期 ── 三九

铜灯（西汉）

尺寸：通高 10.2 厘米，底径 9.8 厘米

铜鋞镂（西汉）

尺寸：通高 15.3 厘米，通宽 7.6 厘米，腹径 15.6 厘米

铜鐎壶（西汉）

尺寸：腹径 14.5 厘米，高 13 厘米，把长 7.6 厘米

两汉时期 | 四五

环线双耳铜簋（西汉）

尺寸：高 16.7 厘米，口径 23.5 厘米

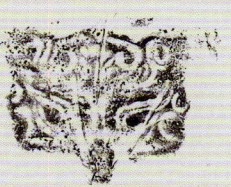

铜甗(西汉)

尺寸：甑口径 20.7 厘米，底径 9.2 厘米，釜口径 8.3 厘米，
高 35.7 厘米，底径 9.2 厘米

西汉时期 | 四九

双兽面铺首衔环铜樽（西汉）

尺寸：通高 22.5 厘米，盖长 21 厘米，足高 4 厘米

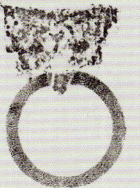

三环钮刻铭铜鼎（西汉）

尺寸：通高 18 厘米，足高 6.5 厘米，盖口径 16.9 厘米

铜灯（东汉）

尺寸：口直径 9.2 厘米，柄长 12.2 厘米

乳钉纹铜镜（汉代）

尺寸：直径 8.4 厘米，厚 0.2 厘米

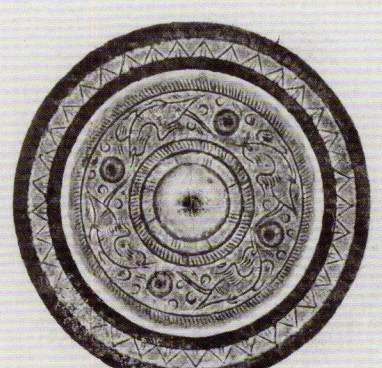

两汉时期 | 五七

其他拓片

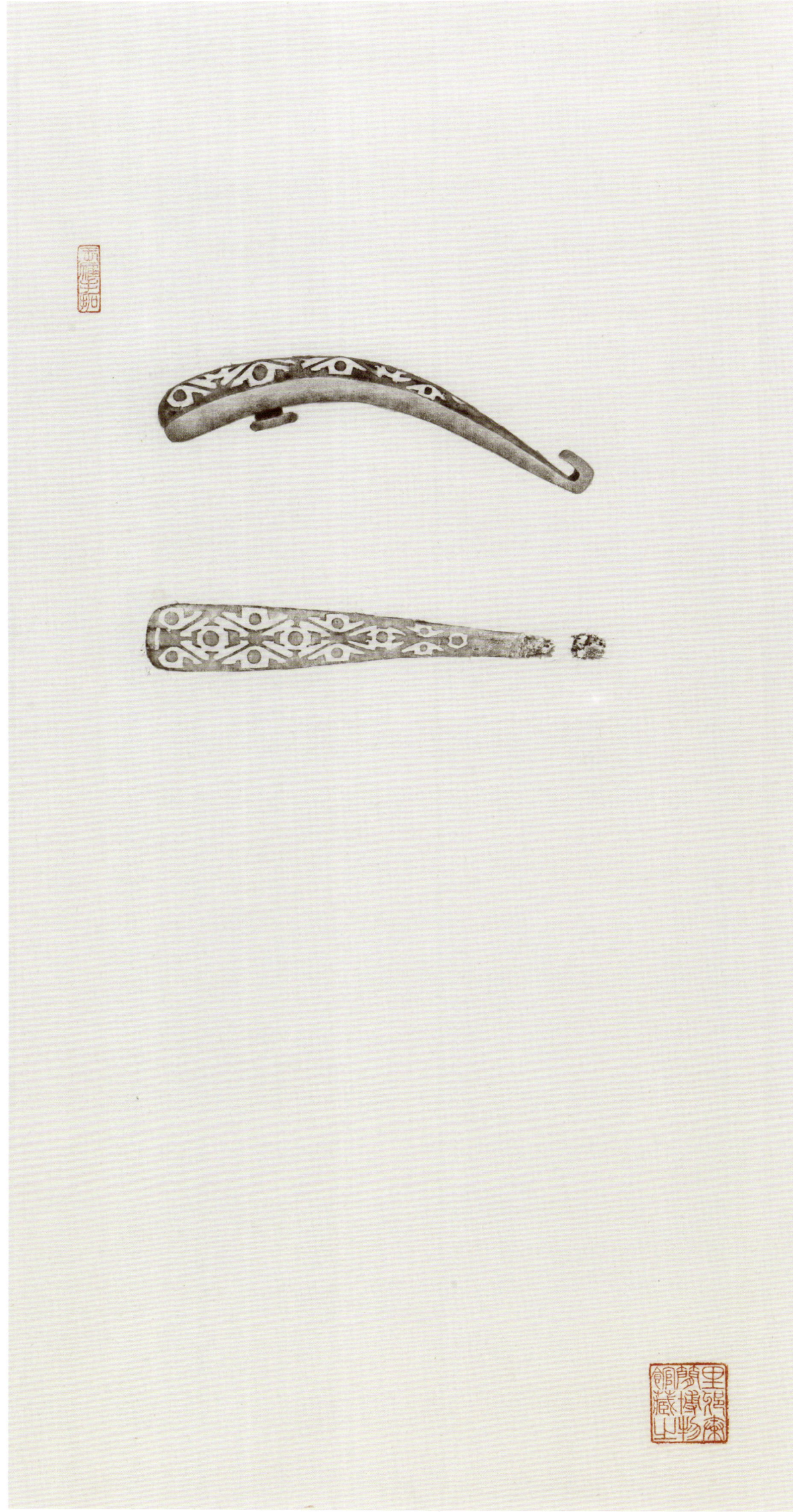

青铜带钩

青铜鼎

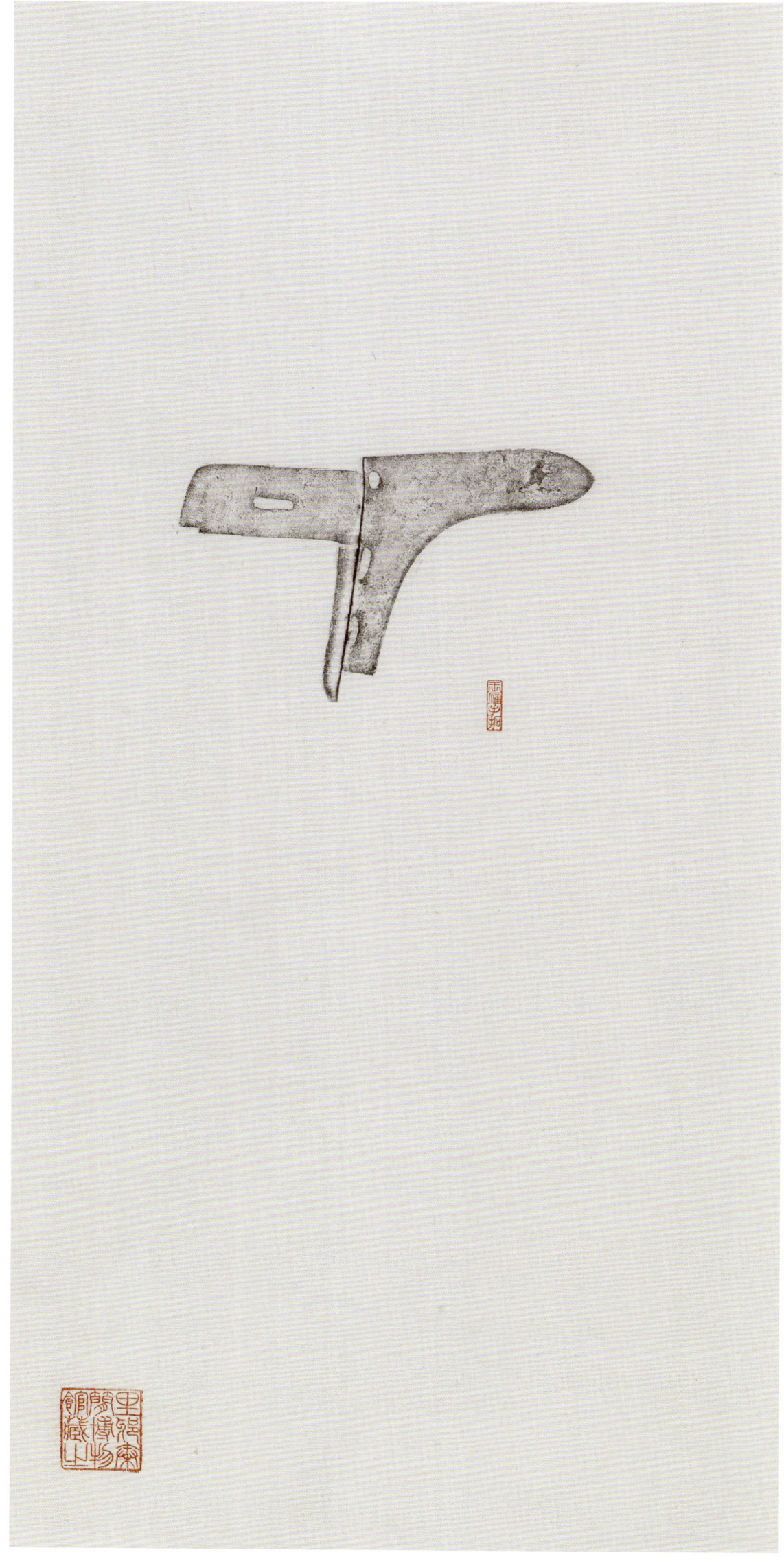

青铜戈

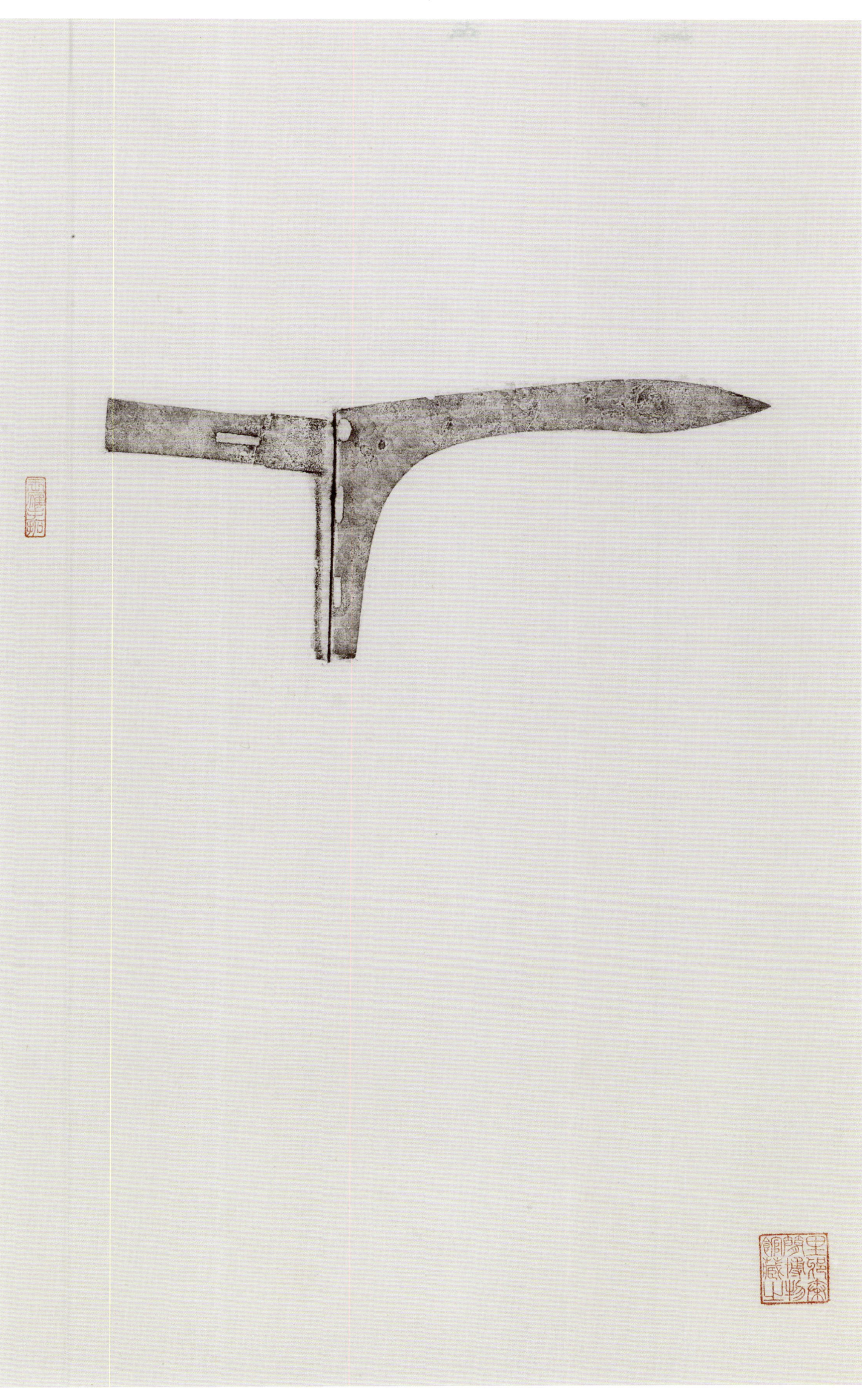

青铜戈

青铜戈

双耳铜矛

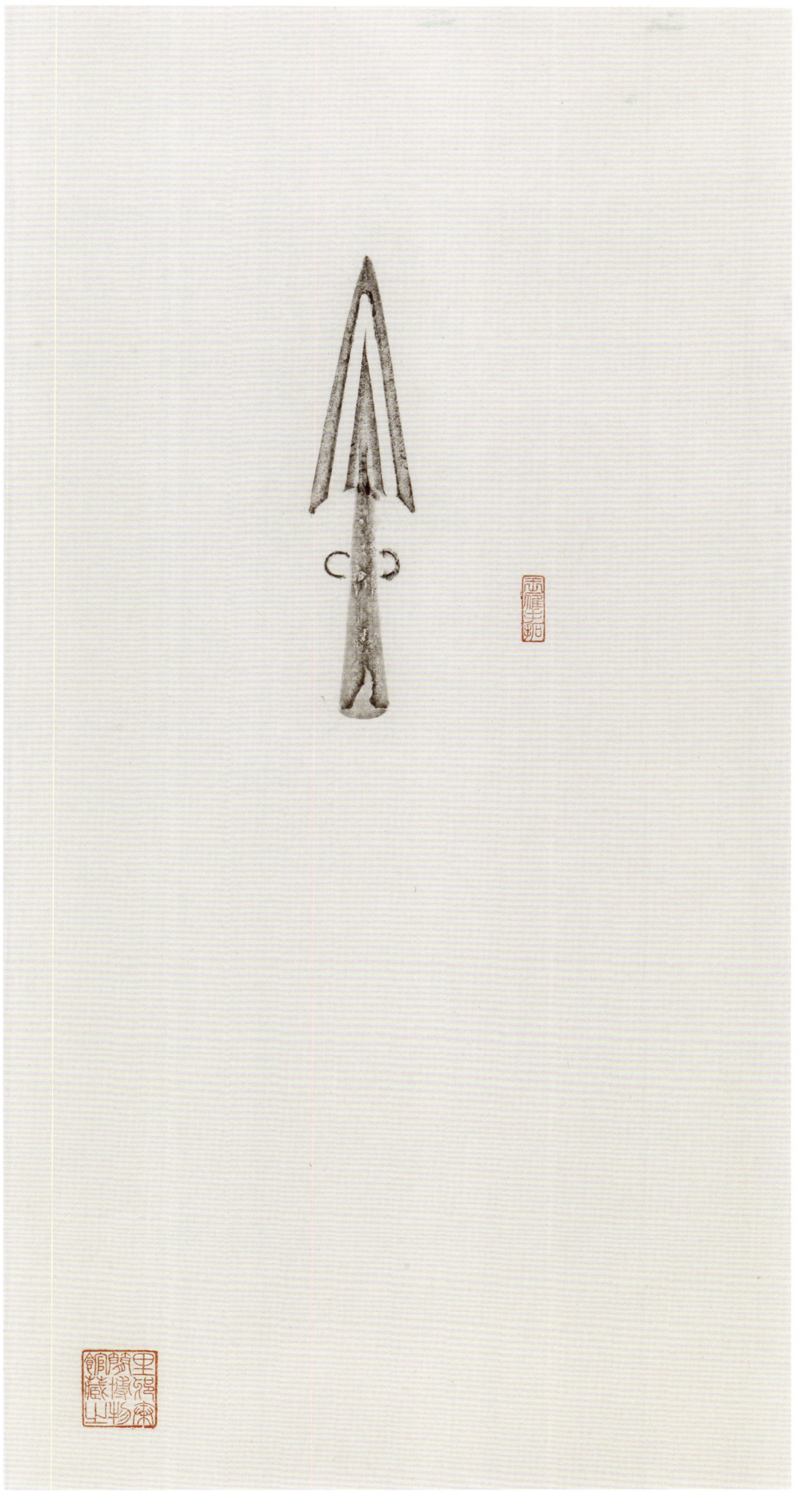

四棱铜矛

铜 壶

后记

　　里耶秦简博物馆位于湖南省湘西土家族苗族自治州的龙山县里耶镇，是国家二级博物馆。在历史上，里耶是秦朝洞庭郡迁陵县的县治所在地，为当时的政治、军事、经济重镇。里耶秦简的发现填补了秦朝史料的佚缺，是21世纪以来全国最重要的考古发现之一。学界由此有"北有西安兵马俑，南有里耶秦简牍"之说。

　　里耶秦简博物馆的馆藏和展品，除简牍以外还有青铜器和陶器等文物。里耶秦简博物馆馆藏青铜器大部分器物器形完整，纹饰精美，品类多样，具有极高的历史价值和艺术价值，为其制作拓片是博物馆文物保护和整理的重要举措，是具有时代性、前瞻性和重要历史意义的决定。笔者有幸参与了该馆的部分馆藏青铜器拓片的制作工作。本次青铜器拓片的制作运用了全形拓的传统技艺，采取了整纸拓和分纸拓结合的方法。所谓整纸拓，就是先绘出一幅器形的原大草图，在图上勾画出细部位置及各处透视关系，确实无误后，再将草图画到拓纸上，按所绘出的部位分若干次上纸上墨，能够一张纸完成器形的墨拓；分纸拓是将拓纸按照需要分成若干块，逐一放置到器物的相应部位取拓，最后拼成全图。在现今这个时代，能够做好全形拓的恢复和收藏，也是对珍贵文物进行保护和利用的方式之一。相信我们的每一笔微薄之力聚集在一起都是对中华优秀传统文化的承继和弘扬。

　　本书所收录的青铜器拓片主要是里耶秦简博物馆部分馆藏青铜器的全形拓片，所录全形拓片力争完整地展示和恢复青铜器的原貌，能够促进文物历史价值和艺术价值的传承和发扬，对文物展品增加有益的资料补充，丰富藏品的多元性，使更多的读者可以通过拓片了解和学习到历史文化知识。同时，在书中还收录了本人在该馆制作拓片期间所做的多幅其他青铜艺术品全形拓作品，以供读者领略全形拓作品的艺术魅力。

　　在制作拓片过程中，相关青铜器全形拓的制作任务难度大、耗时久、条件艰苦，也遇到了一些困难和波折，所幸有里耶管委会田大治书记、魏福生主任和里耶秦简博物馆时任馆长彭成刚先生等领导的关怀和支持，更有博物馆隆海银、许书耀、白涛等多位员工的协调配合，后期得到了中国国家画院邢少臣先生和北京画院装裱室王旭、徐建光两位王氏装裱传人的帮助支持，圆满地完成了里耶秦简博物馆馆藏青铜器全形拓片的制作工作，在此向他们表示衷心感谢。还要感谢里耶秦简博物馆的周东征馆长，在他的大力支持下，才有这本拓片集的顺利面世。感谢人民美术出版社原总编辑程大利先生在百忙中为本书作序并题写书名。

　　本书虽已付梓，但仍感有诸多不足之处，我将继续努力研究探索。至此，再次向对拓片制作和本书出版给予帮助、支持的每一位领导、同事、朋友表示诚挚的谢意。感谢每一位读者，并期待大家的批评和建议。

王　雁

2022年5月11日